謎検 Presents
脳が喜ぶ新刺激がたくさん！
謎解きドリル 70問

問題制作：SCRAP
監　修：篠原菊紀　公立諏訪東京理科大学情報応用工学科教授
　　　　　　　　医療介護・健康工学部門長

SCRAP出版

CONTENTS

頭を柔らかくする準備運動にぴったり
初級編
基本問題 ……… P.12　　挑戦問題 ……… P.44

頭をひねらないと解けない問題が増加！
中級編
基本問題 ……… P.48　　挑戦問題 ……… P.58

ヒントなしで解けたらすごい！ Let'sトライ！
上級編
基本問題 ……… P.62　　挑戦問題 ……… P.74

鍛えた脳力を駆使して解く、脱出のための最終関門！
最終問題
本書の謎をすべて解いた方に向けた挑戦問題です。初級編・中級編・上級編の問題の解き方を応用する必要があります。まずはそちらを解いてから挑んでみましょう。 ……… P.78

正解率20%以下の問題
超難問
❶ ……… P.46　　❷ ……… P.60　　❸ ……… P.76

解答編
各謎の解答を解説つきで掲載しています。 ……… P.80

はじめに

楽しく脳を使うことで脳力アップ！！

篠原菊紀
公立諏訪東京理科大学
情報応用工学科教授
医療介護・健康工学部門長

東京大学大学院修了。脳神経科学、応用健康学が専門で、日常の動作中に脳がどのような活動をしているか調べている。テレビやラジオに多数出演し、脳の働きを解説している。

「謎解き」にはワーキングメモリ（作業記憶）といって記憶や情報を一時的に脳に保持しながらあれこれ考える、知的活動の基礎機能ともいえる力が必要です。例えば目的地に行くためにどの交通手段が１番早く着くかといったことを考える場合、私たちは電車だと１時間かかることを調べ、その情報を一時的に脳に保持しながら車では１時間半かかることを調べ、２つの情報を比較して、電車のほうが早いという結論を出します。このときに使用する能力がワーキングメモリです。ワーキングメモリとは日常生活を円滑に営むために欠かせない能力なのです。

しかし残念ながらワーキングメモリの力は歳とともに衰えやすい能力でもあります。そこで大切になってくるのが「脳力を鍛える」ということです。その方法としておすすめなのが「謎解き」です。「謎解き」は、ワーキングメモリの力や想像力、洞察力を鍛えるツールとして機能します。

楽しく謎を解いて脳を活性化させ、いつまでも元気な脳みそを目指しましょう。

STORY

あなたが見慣れぬ本を開いたら突然世界が暗転！本のなかに吸いこまれてしまいました。目を覚ましたあなたの前には見知らぬ２人が。どうやら本のなかに一緒に閉じこめられてしまったようです。２人の会話をヒントに次々現れる謎を解き、脱出方法を見つけて脱出してください。

▶ **四角さん**
図書館で仕事の調べものをしているときに本に吸いこまれた。しっかりもので頭がいい。

▼ **丸井さん**
本屋で立ち読みをしているときに本に吸いこまれた。のんびり屋だが意外と観察眼が鋭い。

ここは…？

う〜ん

目、目が回る……。

脳力を鍛える！
5つのジャンルから出題

各問題は、「取り組むことによってどんな脳力が鍛えられるか」という観点で、5つのジャンルに分かれています。たとえ正解を出せなくても、落胆することはありません。解こうと努力しているだけで、脳が刺激を受け、脳力が鍛えられます。

ひらめき力UP

過去の経験・記憶から、直感的に答えを引っ張り出してくる力

線条体が深く関わる脳力です。問題を解いたあと、あるいは答えを見て「なるほど」と思ったあと、「おもしろい」など感情を動かしておくことが、やる気アップ、直感力アップにつながります。

関わりの深い脳部位 ▶ 線条体

注意力UP

よく観察し、問題のなかにある違和感や違いに気がつく力

眼球のコントロールを司る前頭眼野、がまんや自制心を司る下前頭回などが関わります。まずはしっかり見ることが重要です。

関わりの深い脳部位 ▶ 前頭眼野・下前頭回

分析力UP

情報を多角的にとらえ、解答までの道筋を組み立てる力

前頭前野などが司るワーキングメモリの力と、頭頂葉が司る図的に理解する力が関わります。頭に図を思い浮かべようとすることが重要です。

関わりの深い脳部位 ▶ 前頭前野・頭頂葉

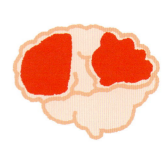

推理力UP

ルールや法則を見つけ出し、答えを導く力

前頭前野などが司るワーキングメモリの力と、側頭頭頂接合部などが司る裏の意味の理解や想像力が関わる脳力です。表面に見えるルールにとらわれることなく、リフレーミングする力が必要。このとき自制心に関わる下前頭回も活動します。

関わりの深い脳部位 ▶ 前頭前野・側頭頭頂接合部・下前頭回

持久力UP

最後まで諦めずに謎に向き合う力、もれなく確認しながら解いていく思考体力

がまん、自制、切り替えなどを司る下前頭回が特に関わります。この力が弱まるとキレやすくなったりします。

関わりの深い脳部位 ▶ 下前頭回

 複数の問題ジャンルの要素を含んだ問題も掲載されています。

> これだけは押さえたい！

謎解きのポイント

はじめて謎を解く方のために、たくさんある謎解きのポイントのなかから厳選した３つをご紹介します。問題につまってしまった場合はこれらのポイントを振り返ってみましょう。

ポイント1 問題をよく観察しましょう。

問題や図のなかにヒントや答えが隠れていることがあります。注意深く問題を見てみましょう。

例
外仏 → タイ
伝茶次 → ？？？
答え：ニホン

よく見ると漢字の一部が太くなっています。太い部分だけ読むと答えが導き出される問題です。

ポイント2 情報を変換してみましょう。

与えられた情報を変換して考える謎があります。困ったら、情報をひらがな、漢字、英語などに変換してみましょう。

FOX / きつね / 狐 / キツネ

ポイント3 謎解きでよく使うツールの特徴を押さえておきましょう。

謎解きには、一般的に知られた情報を使って解く問題が多くあります。そうしたツールの特徴を押さえておけば、正解率を高めることができます。

Aa アルファベット
総数26文字の文字列。略語などに使われる（例：PC）。

あア 50音
基本5文字単位で区切られて並んだ、50音表がある。

123 数字
英語表記も存在する。物によって数の単位が異なる。

月火水 曜日
総数7個の文字列。漢字、英語などで表される。

簡単な問題で肩慣らしを行いましょう。
解き方を見ずに解けたあなたは、すでに謎解き脳の持ち主かも。

この問題の答えを導き出し、
選択肢から答えを選んでください。

けいたたちたごけ

①はっぱ ②いちご ③たんす ④いんく

正解率 **98.5%**

謎ってこれのことだね……！ これくらいなら楽々解けそうだぞ！

解き方

1 イラストをひらがなで表してみましょう。

＝たぬき
＝けむし

2 それぞれ「た」を抜く、「け」を無視する、という指示になっています。

「た」抜き
「け」無視

3 指示に従って問題文からひらがなを消してみましょう。

~~け~~い~~た~~ち~~た~~ご~~け~~

答え：**②いちご**

なるほど、謎はこうやって解くのね！

謎解きドリル70問の楽しみ方

脳が喜ぶ新刺激がたくさん！

本書の問題は初級・中級・上級の3つの難易度に分けて掲載されています。各級は基本問題、挑戦問題で構成されています。ここでは基本問題の遊び方を紹介します。

問題ページ
左ページには問題を掲載しています。ヒントなしで挑戦したい方はこちらのページだけを見てください。

解答欄
問題の答えを記入する欄です。

鍛えられる脳力
問題と解くことで鍛えられる脳力を示しています。本書で鍛えられる脳力は「ひらめき力」「注意力」「分析力」「推理力」「持久力」のいずれかです。

解答ページ
問題の解答を掲載しているページを記載しています。

正解率
難易度の目安として正解率を記載しています。正解率は謎検を受検した方の正解率、もしくは編集部調べの正解率です。

1問目のヒント
左ページ上段の問題のヒントです。

2問目のヒント
左ページ下段の問題のヒントです。

初級編

問題1のヒント

1 答えは4文字のひらがなになります。

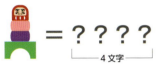

イラストをよく見てみよう！

2 描かれたブロックの個数と文字数が対応しています。

 ＝つみき（3文字）

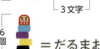 ＝だるまおとし（6文字）

同じ数ということは何か意味がありそうだぞ。

3 それぞれのブロックにひらがな1文字が対応していると考えると……。

 ＝つ
 ＝み
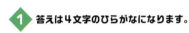 ＝き

なるほど！ 答えは「だ」からはじまる言葉だね！

問題2のヒント

1 名詞をひらがなで表してみましょう。

時間＝じかん
物語＝ものがたり

「じかん」の中心ってどういう意味かしら？

2 「じかん」の中心は「か」です。

じ㋕ん（中心）

読みがなのひらがなから1文字を指定していたのね！

3 指示文の示すひらがなをつなげると……。

じ㋕ん
も㋭がたり
おはな㋱
せ㋕い

あとは上から読むだけね！ 答えはひらがな4文字のあの動物だわ。

ヒントページ
左ページの問題のヒントを3段階に分けて掲載しています。
上から1つだけ見て再び問題に挑戦し、それでも難しい場合は次のヒント、と段階を踏んで問題を解くことができます。

キャラクター
四角さんと丸井さんが問題やヒントに関してコメントしています。意外なヒントが隠れていることも。困ったときに参考にしてください。

答え： 問題1 だしまき
問題2 かもしか

カバーの使い方

本書の基本問題にはすべてヒントを掲載しています。ヒントを見たくない人のために、カバーを使って隠せるようにしました。ここではカバーの使い方を紹介します。

本書の構造

本書の基本問題では左ページに問題、右ページにヒントを掲載しています。カバーを右ページにかぶせることで、ヒントを隠したまま問題に挑戦することができます。

ノーヒントで解く　挑戦者向け

ヒントを見ずに問題を解きたい方は、カバーをヒントページの全面にかぶせ、すべてのヒントを隠してください。

1問目のヒントを見る

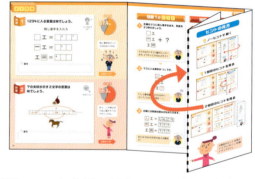

1問目のヒントを見る場合は、カバーを中央の線で縦半分に折り、ヒントページの右半分だけを隠してください。

2問目のヒントを見る

2問目のヒントを見る場合は、右ページからカバーを外し、次のページにはさみこんでください。

> 頭を柔らかくする
> 準備運動にぴったり

初級編

まずは簡単な問題から腕試しをしてみましょう。

ノーヒントで解ける問題もきっとあるはず！

脳の準備を整えて、ページをめくってみて。

正解率 **60〜95%** の問題

おや？ 扉が開いているぞ！

ガチャー

この先に謎が待っているのね！

ワクワク

基本問題

問題1

?に入る言葉は何でしょう。

ひらめき力UP

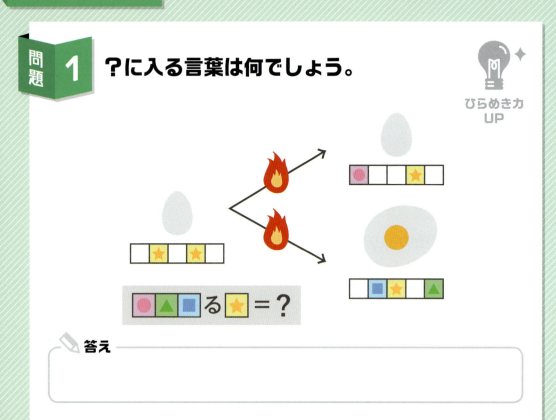

正解率 94.0%

さっそく問題を解いていこう！

正解は P.80

問題2

この問題の答えを導き出してください。

注意力UP

▲頂

●がる　○がる

答えは ▲●○

答え

正解率 93.8%

3つのマークは何を意味しているのかしら。

正解は P.81

初級編

問題1のヒント

 3つのマークは卵の状態を表しています。

 ＝卵

卵のどんな状態を表しているんだろう？

 卵は加熱することで料理へと変化します。

 → 料理

なるほど！　卵を使った料理といえば……。

 5文字の卵料理を書き出してみましょう。

 ＝ ゆ で た ま ご
 ＝ □□□□□
　　　　　5文字

ここまでくればあと少しだね！

問題2のヒント

1 同じマークには同じ漢字が入ります。

▲ ＝ ？
● ＝ ？
○ ＝ ？

どんな漢字なら意味が通じるかしら。

2 「▲」には「山」が入ります。

矢印の向きが示すもの……わかったわ！

3 答えは漢字1文字になります。

 → 漢字

山へんの漢字を書き出してみましょう。

基本問題

問題 3

?に入るのは何番でしょう。

ひらめき力 UP

93.8%

時計と言葉はどういう法則でつながっているのかな。

🕐 ：架ける

🕗 ：切る

？ ：引く

答え

① ② ③ ④

正解は P.81

問題 4

?に入る言葉は何でしょう。

注意力UP

93.8%

う〜ん、漢字の意味とイラストがつながらないわね。

 ＝ 動

 ＝ 相

 ＝ ？

答え

正解は P.81

初級編

問題3のヒント

1 「架ける」や「切る」はどんなときに使うでしょうか。

架ける
切る

「架ける」はめったに使わない漢字だね。

▼

2 時刻を音にして書き出してみましょう。

＝にじ
＝？

なるほど！ 時計も時刻なら文字として表現できるね！

▼

3 「：」を「を」と考えると下図のようになります。

にじを架ける
を切る
？を引く

「を引く」につながる言葉は……。選択肢を見てみよう。

問題4のヒント

1 イラストをひらがなで表してみましょう。

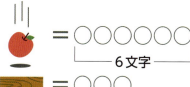
6文字

3文字

1番上のイラストは「りんご」じゃなさそうね。

▼

2 漢字は左と右にわけられます。

動＝重＋力

漢字は熟語が1つに合体したものだったのね！

▼

3 1番下のイラストは「じょし」を表しています。

＝じょし

ここまでの法則を応用すると……。答えがわかったわ！

基本問題

問題 5

？？に入る言葉は何でしょう。

持久力UP

風向きいみじくも最高
常に変わらぬあの笑顔
口に出すのやぼかしら

「いす」と「もじ」の間には「わく」があり、
「ぼく」と「きみ」の間には「？？」がある。

答え

正解率 87.5%

わからないときは問題文をよく見ることが大切だね。

正解はP.81

問題 6

？に入る言葉は何でしょう。

持久力UP

A = るもんだ　　I = えがりい
B = のこたえ　　J = そのみん
C = いのぺー　　K = じにある
D = のことば　　L = がでてく
E = でこばう　　M = すたこせ
F = こたえは　　N = あんきも
G = えがきほ　　O = をつかえ
H = たむくあ　　P = だこーす

G
E   ＝ 宝石箱
M

H
I   ＝ ？
P

答え

正解率 87.5%

左側の法則を解明して、応用する問題みたいね！

正解はP.81

初級編

問題5のヒント

1 問題文のなかから「いす」と「もじ」を探してみましょう。

風向き⑰みじ⬜く⬜も最高
常に変わらぬあの笑顔
口に出⬜すのやぼかしら

「いす」と「もじ」の間とはどういう意味だろう。

2 「いす」と「もじ」の間にある言葉はそれぞれ「わ」と「く」です。

 ＝わ　 ＝く

「ぼく」と「きみ」も探し出せば問題解決だね！

3 「ぼく」と「きみ」も問題文の下図の位置に隠れています。

風向⬜きいみ⬜じくも最高
常に変わらぬあの笑顔
口に出すのや⬜ぼ⬜かしら

「ぼく」と「きみ」の間にあるのは……。

問題6のヒント

1 「G」「E」「M」に対応する文字列を書き出してみましょう。

G ＝えがきほ
E ＝でこばう
M ＝すたこせ

3つの文字列を縦がそろうように書くのがポイントね。

2 右上の文字から縦に読むと、「宝石箱が答えです」となります。

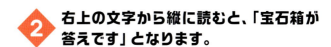
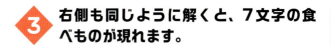

法則がわかったわ！　右側も解いてみましょう！

3 右側も同じように解くと、7文字の食べものが現れます。

H ＝たむくあ
I ＝えがりい
P ＝だこーす

答えは夏に食べたいアレね。

基本問題

問題 7

この問題の答えを導き出してください。

 + ト
 + ズ
 + ト
 + プ

答え：

正解率 85.1%

イラストにカタカナを足すのか。どういう意味だろう。

正解は P.81

問題 8

3文字のひらがなを解読してください。

は　に　め

答え：

正解率 84.8%

うーん、解読の糸口はどこかしら？

正解は P.82

問題7のヒント

1 イラストをカタカナで表してみましょう。

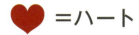 =ハート =？

 =？ =？

なるほど。イラストをカタカナに変換するのか。

2 イラストはすべて3文字のカタカナになります。

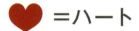 =ハート 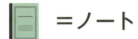 =ノート

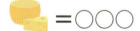 =○○○ 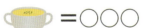 =○○○

すべて3文字で間に「ー」が入っているぞ。

3 1行目の式を解くと「ハ」になります。

$$ハート＋ト＝ハ$$

「ート」と「＋ト」だからなくなるのか！ ということは他も……。

問題8のヒント

1 3つのイラストをひらがなで表してみましょう。

カレンダーのイラストはどう表すのかしら。

2 それぞれのイラストはひらがな3文字になります。

○○○　　○○○　　○○○

カレンダーを3文字で？ 「こよみ」「にがつ」あとは……。

3 「が」を「→」と考えると……。

は→き　　に→つ　　め→ね

「は」は「き」に変換されるのね。つまり「はにめ」は……わかったわ！

基本問題

問題 9
この問題の答えを導き出してください。

答え
```
ック□ワイ
エス□ィー
キュ□アー
エフ□ーエ
```

答え：＿＿＿＿＿＿＿＿＿＿

正解率 81.3%

前後のカタカナがポイントのようだぞ。

正解はP.82

問題 10
太枠に現れる言葉は何でしょう。

1. ぎっこんばったん ぎっこんばったん 公園にある遊具
2. トランプの1
3. 刃のついた靴で氷の上を滑るスポーツ
4. パンをふくらませるもの 北南西ではない

答え：＿＿＿＿＿＿＿＿＿＿

正解率 81.3%

これはシンプルね。マスを埋めてみましょう！

正解はP.82

初級編

問題9のヒント

1 4行とも、同じ文字列の一部です。

カタカナの文字列というと何があるかな。

2 1行目は最初の1字が欠けています。

エック□ワイ

「エック」と「ワイ」の間に入る文字といえば……。

3 3行目と4行目も言葉の終わりが欠けているようです。

なるほど、アルファベットの文字列だね！ 答えがわかったぞ！

問題10のヒント

1 クロスワードパズルの要領でマスを埋めていきましょう。

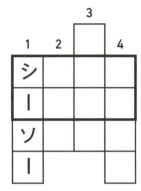

「1」の問題の答えを「1」の縦4マスに入れればいいのね。

2 太枠内の言葉は縦に読みます。

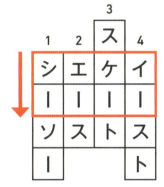

「シーエーケーイー」？ 何のことかしら？

3 4つの言葉をアルファベットにしてみましょう。

ここまでくればあと少しね！

基本問題

問題 11

隠れている食べものは何でしょう。

推理力UP

丘 → へい
口 → だい
少 → れつ
果 → す

答え

正解率 81.3%

おや？ 何か足りないようだぞ……？

正解は P.82

問題 12

1と2を続けてできる言葉は何でしょう。

注意力UP

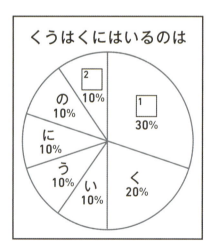

くうはくにはいるのは
2 10%
の 10%
1 30%
に 10%
う 10%
い 10%
く 20%

答え

正解率 81.3%

ひらがなの円グラフね。どこかにヒントがあるはずよ！

正解は P.82

初級編

問題11の ヒント

1 左の漢字はどこかが欠けています。

漢字のいったいどこが欠けているのかな？

2 右のひらがなは左の漢字の読みがなになります。

丘＝へい　口＝だい

右の読み仮名になるように、漢字に欠けた部分を当てはめると……。

3 漢字の欠けた部分だけを見ると、カタカナになります。

兵＝ハ　口＝？

わかったぞ！　答えは4文字のあれだね。

問題12の ヒント

1 「10％」は「10分の1」のことです。

10％ =
$\frac{1}{10}$

つまり10個あったらそのうちの1個ということね。

2 円グラフの上の文字に注目してみましょう。10文字の文字列になっています。

くうはくにはいるのは
――10文字――

文字列を構成する各ひらがなの数を数えてみましょう！

3 「く」が20％なのは10文字のなかに「く」が2個あるためです。

⓪うは⓪にはいるのは
＝$\frac{2}{10}$

「の」は1個だから……10％になるわね！

23

基本問題

問題 13

?に入る言葉は何でしょう。

分析力UP

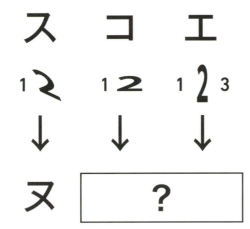

正解率 79.3%

1番左の例を元に法則性を導く問題のようだね。

答え

正解は P.82

問題 14

?に入る言葉は何でしょう。

注意力UP　推理力UP

糸 牛 半 甘
＝こうしきせん

車 用 囲 由
＝？？？？？？

正解率 78.8%

創作漢字かしら？漢字が加工されているわね。

答え

正解は P.83

初級編

問題13のヒント

1 それぞれの「2」は、下のように変形しています。

斜め　　横　　縦

「2」が斜めや横、縦に伸びているね。どういう意味だろう。

2 数字は書き順の何番目かを表しています。

「ス」と「コ」は2画、「エ」は3画の文字だね。

3 「ス」は2画目が斜めに伸びているので「ヌ」になります。

斜め

法則を見つけたぞ！ あとは解くだけだ！

問題14のヒント

1 まずは漢字をひらがなにしてみましょう。

牛＝うし

う〜ん。縦長の「糸」と「甘」はどうすればいいかしら。

2 1行目の1文字目と4文字目は合わせて1つの漢字です。

こ　　ん
紺＝糸＋甘

なるほど！ 「紺」という漢字が分解されていたから縦長だったのね。

3 「席」は逆さまになっているので「きせ」になります。

＝きせ

漢字を変換したものをつなげると「こうしきせん」になるわ！

基本問題

問題 15
この問題の答えを導き出してください。

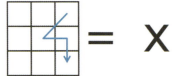 = × 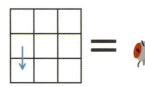 = 🪰

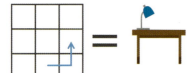 = 🛏 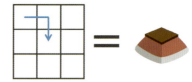 = 🟫

持久力UP

正解率 75.0%

矢印が通るマスの数がそれぞれ違うみたいだぞ。

答え

正解は P.83

問題 16
?に入る言葉は何でしょう。

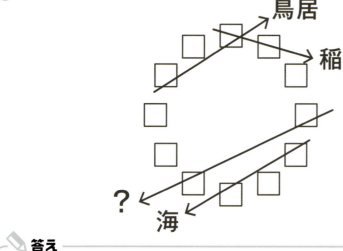

分析力UP

正解率 75.0%

マスが円状に並んでいるわ。えーと、マスの数は……。

答え

正解は P.83

初級編

問題15のヒント

1 イラストをひらがなで表してみましょう。

＝えっくす　＝？

＝？　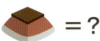＝？

おや？　それぞれのイラストのこの文字数は……。

2 矢印の通りにマスにひらがなを当てはめてみましょう。

＝えっくす　＝こたつ

矢印が通るマスの数とイラストの文字数が同じだったんだね！

3 同じマスには同じひらがなが入ります。

＝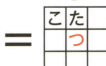

4つのイラストの文字をすべて入れれば、マスの完成だ！

問題16のヒント

1 それぞれのマスには漢字が1文字ずつ入ります。

□＝漢字

いったい何が入るのかしら？

2 矢印が通ったマスの漢字を組み合わせると問題中の言葉になります。

□＋□＝とりい

□＋□＝うみ

組み合わせると「とりい」「うみ」になる漢字……。うーん。

3 次のマスには下記の漢字が入ります。

この配置は……。だからマスの数が12個だったのね！

基本問題

問題 17
①②⑤で表される言葉は何でしょう。

これは、①②①③で②④②⑤の②④⑤

正解率 75.0%

文章に数字が多用されているね。解読してみよう。

答え：

正解は P.83

問題 18
左右を正しく線でつなぎ、通った文字を左から読んでください。

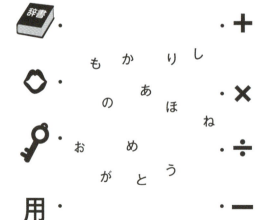

正解率 75.0%

イラストと記号はどういう関係なのかしら……？

答え：

正解は P.83

初級編

問題17のヒント

1 ①②③④⑤にはカタカナがそれぞれ1文字ずつ入ります。

①＝サ　④＝？
②＝？　⑤＝？
③＝？

①は「サ」か、さっそく文章に当てはめてみよう。

2 文章は「カタナ」の状態を表しています。

「カタナ」の状態？　う〜ん、上下が逆になっているね。

3 数字を埋めて文章を完成させましょう。

これは、サカサマで
カタカナの②④⑤

当てはまるカタカナがわかったぞ！
①②⑤はアレのことだね！

問題18のヒント

1 イラストと記号をひらがなで表してみましょう。

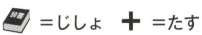
　辞書＝じしょ　　＋＝たす
　◯＝？　　　　　×＝？
　鍵＝？　　　　　÷＝？
　用＝？　　　　　−＝？

左側の4つ目は漢字の「よう」ね。

2 左右をつなげると文章になります。

「じしょ」を「ひく」

他のものはどうかしら。全部つなげてみましょう。

3 線が通った文字を左から読んでください。

答えは4文字のひらがなになるわね！

基本問題

問題 19

この問題の答えを導き出してください。

こ↑ん……遊ぶ場所
あ↓……今日の次

のとき、

「ぬす→き」は何？

答え

正解率 75.0%

この矢印はどんな意味だろう。

正解は P.83

問題 20

？？？に入る言葉は何でしょう。

容器 → [？][ ] ← 不採用却下

木の実 → [ ][？][ ] ← 飲みもの

穀物 → [ ][？] ← やらなければならないこと

答え

正解率 71.6%

マスの左右に矢印があるようだけど……。

正解は P.84

初級編

問題19のヒント

1 矢印をひらがなで表してみましょう。

$$\uparrow = ？？$$
$$\downarrow = ？？$$

「↑」の言い換えは「きた」「うえ」「まえ」、あとは何があるかな。

2 4方向を示す矢印がどんな意味を持つか書き出してみましょう。

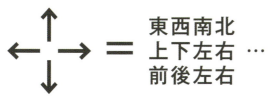
＝ 東西南北 上下左右 … 前後左右

矢印が持つ意味だって？ 矢印はどんなことを示すかな。

3 矢印は上下左右を表しています。

↑＝うえ
←＝ひだり

問題の矢印をひらがなに変えて……。答えがわかったぞ！

問題20のヒント

1 マスにはヒントに対応するひらがなが入ります。

容器 → ？？

漢字の表現を変えて、ひらがなにするのね。

2 一番下の行を解くために、2文字の穀物を書き出してみましょう。

こめ
むぎ
あわ
ひえ
：

2文字の穀物？ たくさんあるけどどれが入るのかしら。

3 マスに入るのは右からも左からも読める言葉です。

容器 → ［？｜ぼ］ ← 不採用 却下
木の実 → ［　｜？｜み］ ← 飲みもの
穀物 → ［　｜ぎ］ ← やらなければならないこと

左右から読めるということは、逆に読んでも意味が通じる言葉ね！

基本問題

問題 21 この問題の答えを導き出してください。

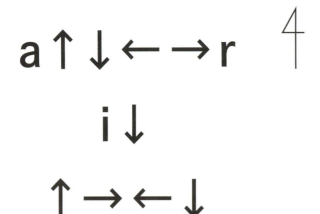

ひらめき力 UP

答え：

正解率 68.8%

まずは矢印がどんな意味を示しているか解読だね。

正解は P.84

問題 22 「よじのおやつ」は①〜⑤のうちどれでしょう。

```
ごはんのめも

はちじのあさごはん
　たまごかけごはん

じゅうにじのらんち
　とまとれたすさんどいっち

さんじのおやつ
　けーき

よじのおやつ
　━━━━━━━━━

しちじのでぃなー
　たきこみごはん
```

ひらめき力 UP

答え：
①きなこもち　②クッキー　③アイスクリーム　④チョコレート　⑤あめ

正解率 68.8%

どれもおいしそうね……って違う違う。

正解は P.84

初級編

問題21のヒント

1 問題をよく見てみましょう。ヒントが隠れています。

$$a \uparrow \downarrow \leftarrow \rightarrow r \; \textcircled{\uparrow}$$
$$i \downarrow$$
$$\uparrow \rightarrow \leftarrow \downarrow$$

おや、このマーク、どこかで見たことがあるぞ。

↓

2 方角を英語で表すと下図の通りです。

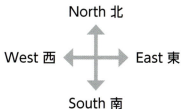

なるほど！ 矢印は方角を意味していたのか！ ということは……。

↓

3 「↑」には「n」のように方角の頭文字が入ります。

$$a \; n \; s \leftarrow \rightarrow r$$
$$i \downarrow$$
$$n \rightarrow \leftarrow s$$

わかったぞ！ あとは矢印を変換するだけだね！

問題22のヒント

1 「○○じ」は時刻のことではありません。

$$はちじ \neq 8時$$

つまり「じゅうにじ」も「さんじ」も時刻のことではないのね。

↓

2 「○○じ」と食べたものの対応をよく考えてみましょう。

はちじ → たまごかけごはん
じゅうにじ → とまとれたすさんどいっち
さんじ → けーき
しちじ → たきこみごはん

「けーき」が3文字のおやつということは……。

↓

3 「たまごかけごはん」は「はちじ」です。

はちじ
＝
たまごかけごはん

わかったわ！ つまり「はむえっぐ」は「ごじ」ね。

基本問題

問題 23

?に入る動物は何でしょう。

科学　→　胃炎
暦　　→　連打
窓　　→　インド
春　　→　？

正解率 **68.8%**

「科学」が「胃炎」にどうやって変化するのかな。

正解は P.84

答え

問題 24

?に入る動物は何でしょう。

正解率 **68.8%**

左と右のイラストはどう関係しているのかしら。

正解は P.84

答え

初級編

問題23のヒント

1 「インド」にならって、右の漢字の読みをカタカナで書いてみましょう。

胃炎 ＝ ○○○
連打 ＝ ○○○

> 漢字の表現を変えるのか！ だんだんコツがわかってきたぞ。

2 左の言葉を英語のカタカナ表記に変換してみましょう。

科学＝サイエンス
暦＝○○○○○
窓＝○○○○○
春＝○○○○○

> すべて5文字になるね。右の言葉と比べてみると……。

3 「サイエンス」の左右の文字を取り除くと「イエン」になります。

~~サ~~イエン~~ス~~ ＝ イエン

> 法則がわかったぞ！ あとは解くだけだ！

問題24のヒント

1 左のイラストをカタカナにしてみましょう。

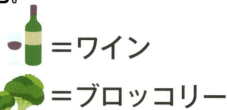
＝ワイン
＝ブロッコリー

> イラストの表現を変えるのね。慣れてきたわ。

2 右のイラストは名前ではなく、鳴き声にします。

＝ワン
＝？

> う〜ん。左のイラストとどういう法則でつながっているのかしら。

3 左のイラストの最初と最後の文字をつなげると動物の鳴き声になります。

ワイン ➡ ワン
ブロッコリー ➡ ブー

> 「コバン」は「コン」だから「キツネ」なのね！

基本問題

問題 25

？のマスに当てはまるものは何でしょう。

分析力UP　持久力UP

答え _____

正解率 **63.6%**

イラストのまわりに白い丸が4つか。どういう意味かな。

正解は P.84

問題 26

導き出されるカタカナ4文字は何でしょう。

分析力UP

口 23　穴 123　加 12　仏 12

答え _____

正解率 **63.4%**

う〜ん。漢字と数字が対応しているようだけど……。

正解は P.85

初級編

問題25のヒント

1 それぞれのイラストを文字で表してみましょう。

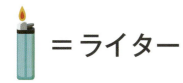＝ライター

わからないときは表現を変えてみる。謎解きの鉄則だね。

2 イラストのまわりにある白い丸に、そのイラストを表す文字が入ります。

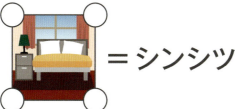＝シンシツ

それぞれの文字はどの白い丸に入れるんだろう。

3 隣り合うイラストの間の白い丸には、共通する2文字が入ります。

なるほど！　あとは「？」のまわりの白い丸が埋まれば解けるぞ！

問題26のヒント

1 漢字のなかにカタカナが隠れています。

口　穴　加　仏

「仏」にはカタカナが2個隠れているわ。いったいどちらなの？

2 「口」の書き順は図の通りで、3画の漢字です。

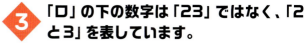

他の漢字は何画かしら。

3 「口」の下の数字は「23」ではなく、「2と3」を表しています。

2と3

数字は画数を指定していたのね！残りの漢字も解けるわ！

37

基本問題

問題 27
赤い矢印が示す言葉は何でしょう。

持久力UP

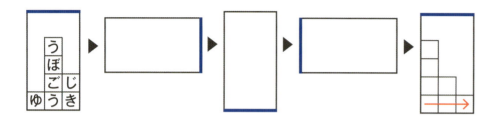

正解率 62.5%

箱が回転しているぞ。なかのタイルも動きそうだね。

答え

正解は P.85

問題 28
「この謎の答え」を導き出してください。

推理力UP

	??	??	??
??	ものを送る手段の1つ	きれいにすること	事件などの本当の内容
??	だまして連れ去ること	この謎の答え	光の届かない海
??	効果があること	うまくいくこと	前に進んでいくこと

正解率 62.5%

各マスが問題になっているようね。

答え

正解は P.85

初級編

問題27のヒント

1 上部が青い箱が回転しています。箱の中身がどう動くか考えてみましょう。

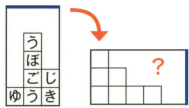

箱を右に倒すと重力に従ってなかのタイルも下に落ちるんだね。

2 1回目の回転では箱の中身は下図のように動きます。

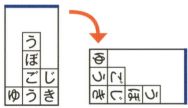

箱の中身がイメージしにくいときは実際に書き出してみよう！

3 すべての回転が終わった箱を見てみましょう。

1番下の3文字が答えだね！

問題28のヒント

1 赤枠のマスの答えがこの問題の答えです。

	??	??	??
??	ものを送る手段の1つ	きれいにすること	事件などの本当の内容
??	だまして連れ去ること	この謎の答え	光の届かない海
??	効果があること	うまくいくこと	前に進んでいくこと

このマスに当てはまる言葉を探せばいいのね。

2 すべてのマスの答えはひらがな4文字になります。

	??	??	??
??	ゆうそう	きれいにすること	事件などの本当の内容
??	だまして連れ去ること	この謎の答え	光の届かない海
??	効果があること	うまくいくこと	しんこう

ということは……答えもひらがな4文字ね！

3 マスには縦と横の項目を組み合わせた言葉が入ります。

	ゆう	せい	しん
そう→	ゆうそう	せいそう	しんそう
??→	だまして連れ去ること	この謎の答え	光の届かない海
こう→	ゆうこう	せいこう	しんこう

あとは縦の項目の2行目に入る言葉を見つけるだけ！

基本問題

問題29 ？？？に入る言葉は何でしょう。

注意力UP

あいいわふく → ちてい

のとき、

しまみやぐん → ？？？

答え

正解率 62.5%

これは表現を変える方法では解決できなそうだぞ。

正解は P.85

問題30 9つの言葉をひとつなぎにしたとき、余る言葉はどれでしょう。

持久力UP

ぶんか	かもく	げか
からて	てじな	めうえ
しちや	じょうくう	
ひんしつ	おくがい	

答え

正解率 62.5%

「ひとつなぎ」とはどういう意味かしら。

正解は P.85

問題29のヒント

1 左の言葉を2文字ずつに区切ってみましょう。

あい / いわ / ふく
しま / みや / ぐん

左の言葉は6文字だから2文字ずつに区切ると3等分だね。

2 右の言葉を1文字ずつに区切ってみましょう。

ち / て / い

右の言葉も3等分か。ということは……。

3 左の2文字と右の1文字が対応しています。

あい → ち
いわ → て
ふく → い

法則がわかったぞ！ 続けて読めばいいんだね！

問題30のヒント

1 すべて漢字にしてみましょう。

ぶんか ＝ 文化
かもく ＝ 科目
げか ＝ 外科

困ったときは変換ね！ ひらがなを漢字にしてみましょう！

2 同じ漢字が続くように並び変えてみましょう。

屋外 → 外科

同じ漢字が続くように……。まるであの遊びみたいね。

3 9つが連続した漢字のしりとりになり、1つ余ります。

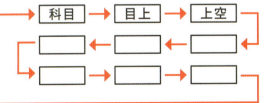

1つだけ他の熟語につながらないものがあるわ！ 見つけた！

基本問題

問題 31 この問題の答えを導き出してください。

分析力UP

ゆ転八倒

十中八ゆ

ゆ寒四温

答え

正解率 62.5%

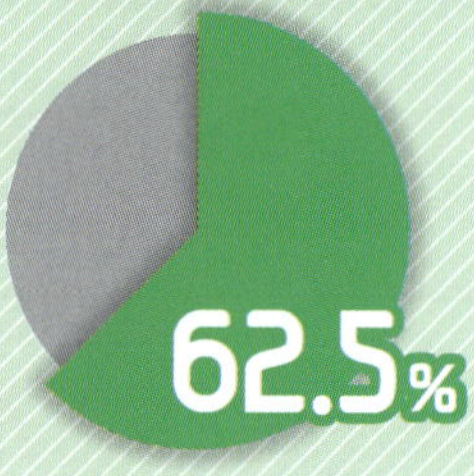

「ゆ」が変なところに入っているね。

正解は P.85

問題 32 ？に入る動物は何でしょう。

推理力UP

→ 🐚 🪶 🌙 ？ 🦷 🦑 ←

答え

正解率 62.5%

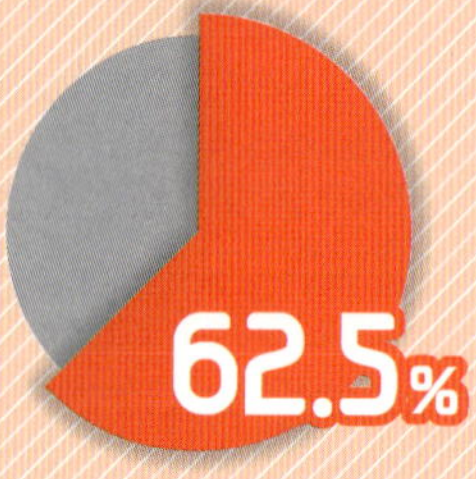

左右に矢印があるわね。何を表しているのかしら。

正解は P.86

問題31のヒント

1 「ゆ」が入れ替わっている文字は何でしょう。

ゆ転八倒
十中八ゆ
ゆ寒四温

四字熟語の一部が入れ替わっているようだね。

2 もとの四字熟語は下のようになります。

七転八倒
十中八九
三寒四温

入れ替わっていたのは全部数字だね。

3 数字それぞれが「ゆ」に入れ替わっているので……。

「七」「九」「三」
が
「ゆ」

「七」「九」「三」の読み方を変えて、何度か音読してみたらわかったぞ！

問題32のヒント

1 イラストをひらがなで表してみましょう。

＝かい
＝つき

いつものあれね。あら、この文字列、何か特徴があるような……？

2 ひらがなは左右どちらから読んでも同じ文字列になります。

➡ かい　つき？？？　 ⬅

左右から？　足りない言葉は何かしら。

3 答えは3文字の動物になります。

？？？＝動物

3文字の動物ね！　答えがわかったわ！

ヒントなしの 挑戦問題

問題 1　下の言葉を読んでください。

注意力UP

（上下が反転した漢字）

正解率 **88.8%**

どれも読みが2文字の漢字ね。

答え

正解は P.86

問題 2　123に入る言葉は何でしょう。

ひらめき力UP

全身で感じろ

し			
き	1		
ち		2	
み			
し		3	

正解率 **88.5%**

全身で「感じる」ってどういう意味かな？

答え

正解は P.86

初級編

問題 3

この問題の答えを
導き出してください。

持久力UP

両手を広げて鏡の前に立て
① 左足を横に上げろ
元のポーズに戻れ
② 左手を上に伸ばせ
元のポーズに戻れ
③ ジャンプして両足を左横に上げろ

答え

正解率 **67.8%**

実際に鏡の前でやってみましょう。

正解は P.86

問題 4

この問題の答えを
導き出してください。

推理力UP

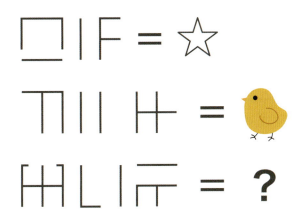

答え

正解率 **62.9%**

むむっ、何かが欠けているようだぞ。

正解は P.86

正解率20％以下の問題 超難問❶

超難問について四角さんと丸井さんが話し合っています。2人の会話をヒントに一緒に解いてみましょう。ヒントを見たくない方は2人のヒント会話を見ずに解いてください。

= ポリス

= ?

分析力UP　正解率 **17.0%**

答え

さっそく解いてみよう！　イラストとカタカナが対応しているようだぞ。

う〜ん、「ポリス」を言い換えてみようかしら。「POLICE」「警察」「けいさつ」……。

ん？　「POLICE」は6文字でイラストも6つあるぞ。アルファベットとイラストが対応しているのかもしれないね。

なるほど！　じゃあイラストをカタカナにしてみましょう！　「ワンピース」「オーロラ」「カエル」「アイス」「タクシー」「クイーン」。

そうか、わかったぞ！　カタカナの言葉をよく見てごらん！　カタカナのなかにアルファベットが隠れているみたいだ！

正解は P.93

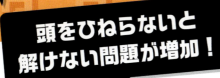
頭をひねらないと
解けない問題が増加！

中級編

初級編で覚えたコツを駆使して解いてみましょう。
アルファベットやひらがな、曜日など、
よく使うツールの特徴はもうつかめたはず！

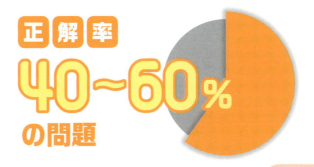
正解率 40～60% の問題

初級編より難しい問題か！ どんな問題だろう。

初級編の問題を解いたら、中級編への扉が開いたわ！

基本問題

問題 1 1234に入る言葉は何でしょう。

ひらめき力UP

正解率 **57.4%**

同じ漢字を入れろ

□エ = □③□①

□エ = □②□

エ□ = ④□□

答え

同じ漢字をどこに入れればいいかな。

正解は P.87

問題 2 ？の矢印が示す2文字の言葉は何でしょう。

推理力UP

正解率 **56.3%**

答え

あら、この枠はまだ右に続きそうなデザインだわ。

正解は P.87

中級編

問題1のヒント

1 左側のマスに同じ漢字を加え、熟語を3つ作りましょう。

マスのなかにすでに線が入っているぞ。どうやって入れるんだろう？

2 マスに入る漢字は「人」です。

「人」と線を組み合わせるのか！ということは、3行目は……。

3 右側には熟語の読みがなが入ります。

あとは1234の文字を拾えば解決だ！

問題2のヒント

1 2つのイラストを文字で表し、矢印に従ってマスに文字を入れてみましょう。

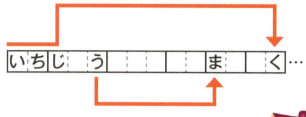

上のイラストは「いちじく」、下のイラストは「うま」ね。

2 マスはとある文字列を表し、6つの言葉がつながっています。

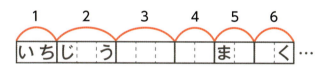

今回はどんな文字列かしら。14文字で「いち」からはじまる……？

3 マスには数の単位が入ります。

いち じゅう ひゃ ？ ？ ん まん おく …

数の単位を表していたから、枠が続くデザインだったのね！

基本問題

問題 3
この問題の答えを導き出してください。

ひらめき力UP　分析力UP

$$= V =$$

同じアルファベット4つを回転させずに加えろ

答え

正解率 55.5%

ここに加えるのか。どんな英単語になるのかな。

正解は P.87

問題 4
?に入る言葉は何でしょう。

推理力UP

牛 + シャツ ➡ 到着

マンガ + イス ➡ 観客

うさぎ + 車 ➡ ?

答え

正解率 50.5%

今まで見たことがない法則ね。

正解は P.87

中級編

問題3のヒント

1 答えは5文字の英単語です。

$$?/=/V/=/?$$

ここに同じアルファベットを4つ加えるんだね。

2 2ヶ所は組み合わせてアルファベットを作ります。

$$\frac{=}{+?} V \frac{=}{+?}$$

どんなアルファベットなら組み合わせられるかな。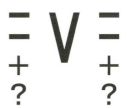

3 加えるアルファベットは「L」です。

$$= + L = ?$$

なるほど！「L」なら組み合わせてあのアルファベットができるね！

問題4のヒント

1 漢字をひらがなにしてみましょう。

到着＝とうちゃく
観客＝？

「牛」と「シャツ」と「とうちゃく」。どうつながるのかしら。

2 「牛」と「とう」、「シャツ」と「ちゃく」が対応しています。

牛 ➡ とう
シャツ ➡ ちゃく

「牛」→「とう」ということは……。

3 「牛」は「頭」と数えます。右の熟語は単位をつなげたものです。

牛＋シャツ
↓
頭＋着
↓
到着（とうちゃく）

「マンガ」は「巻」、「イス」は「脚」だから「観客」なのね。

51

基本問題

問題 5

この問題の答えを導き出してください。

ひらめき力UP

宣伝の間

テレビの間

コンパクトディスクの後

リツイートの間

紫外線の前

答え

正解率 50.0%

「宣伝」がそのままの形では解決できなそうだぞ。

正解はP.87

問題 6

？に入る言葉は何でしょう。

注意力UP

お年玉 👉 おと

外出 👉 いし

電柱 👉 ？

答え

正解率 50.0%

右の言葉と左の言葉はどう対応しているのかしら。

正解はP.88

中級編

問題5のヒント

1 それぞれの名詞をアルファベットの略字にしてみましょう。

テレビ＝TV

「宣伝」は「CM」ではないようだね。

2 それぞれの名詞をアルファベットの略字にすると下のようになります。

宣伝＝PR　　リツイート＝RT
テレビ＝TV　　紫外線＝UV
コンパクトディスク＝CD

「PRの間」とはどういう意味だろう？

3 「宣伝」の間にあるものは「Q」です。

宣伝（PR）の間
＝
PQR

待てよ「PQR」ということはつまりあの文字列の順番ということだね！

問題6のヒント

1 漢字をひらがなで表してみましょう。

おとしだま
がいしゅつ
でんちゅう

漢字をひらがなにしたら、すべて5文字のひらがなになったわ。

2 伸ばしている指に意味があります。

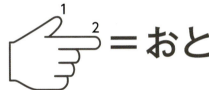

親指と人差し指だと「おとしだま」が「おと」になるのね。

3 伸ばしている指の順番がひらがなを指定しています。

親指を1番目と考えているみたいね！　法則がわかったわ！

基本問題

問題 7

?に入る言葉は何でしょう。

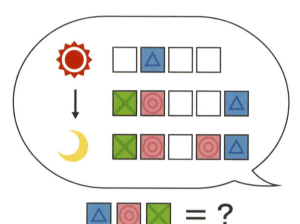

 = ?

答え

ひらめき力 UP

正解率 50.0%

おや？ 問題が吹き出しのなかに入っているぞ。

正解は P.88

問題 8

?に入る言葉は何でしょう。

●★：動物
▲◆：動物
●◆▲：飲んだりするもの
★◆●：身につけるもの
■★▲▲◆：花

●▲◆★◆ ＝ ？

答え

注意力UP

正解率 48.8%

うーん。マークが多くて難しいわね。

正解は P.88

中級編

問題7のヒント

1 左のイラストは「1日」の時間の経過を表しています。

 ＝朝
↓ ＝？
🌙 ＝夜

吹き出しには、「朝」「？」「夜」に対応する言葉が入るのか。何だろう？

2 2行目は「昼」で、吹き出しには3種類の言葉が入ります。

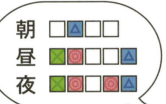

吹き出しに入っているということは、会話で使う言葉のようだね。

3 イラストの横にはそれぞれの時間帯で使う挨拶が入ります。

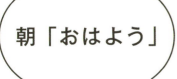

なるほど！　だから吹き出しだったんだね！

問題8のヒント

1 同じマークには同じ文字が入ります。

● ＝ク　◆ ＝？
★ ＝？　■ ＝？
▲ ＝？

「ク」からはじまる2文字の動物は何かしら……。

2 「花」に同じ文字が2つ続いていることに注目してください。

ア ？ リ リ ？
■★▲▲◆：花

普段はあまりなじみがないけれど、名前は聞いたことがあるあの花ね！

3 「飲んだりするもの」は「クスリ」です。

●◆▲＝クスリ

ここまでくればあとは解くだけ！5文字の答えを導きましょう。

基本問題

 問題 9 矢印が通る言葉は何でしょう。

 分析力UP

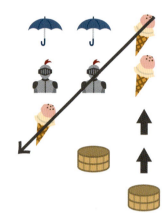

✎ 答え

正解率 **43.8%**

同じイラストが複数あるし、それぞれ個数が違うね。

正解は P.88

 問題 10 ？？？？に入る言葉は何でしょう。

 注意力UP

| と | ざ | な | ぼ |
| ？ | ？ | ？ | ？ |

✎ 答え

正解率 **43.8%**

いったい何が入るのかしら。いろいろ試してみましょう。

正解は P.88

中級編

問題9のヒント

1 イラストをひらがなで表してみましょう。

 ＝あいす
 ＝うえ
 ＝？
 ＝？　＝？

初級編でもやった方法だね。

2 1つのイラストにはひらがな1文字が当てはまります。

  あい

す　

どこのイラストにどのひらがなが当てはまるのかな……。

3 イラストはあいうえお順に配置されています。

   あ
   い
す く
  せ
  そ
　　こ

なるほど！ あいうえお順にひらがなを当てはめるのか！

問題10のヒント

1 「？」にはそれぞれひらがな1文字が入り、答えは4文字になります。

と	ざ	な	ぼ
？	？	？	？

「？」に何が入れば意味が通じるかしら。

2 マスを縦に読むと、漢字の読みになります。

↓と　↓ざ　↓な　↓ぼ
　？　　？　　？　　？

「と？」「ざ？」「な？」「ぼ？」。聞いたことがあるような。

3 すべてのマスをつなげると四字熟語ができあがります。

と→ざ→な→ぼ ＝ 四字熟語
？　？　？　？

わかったわ！ あとは「？」を左から読むだけね！

ヒントなしの **挑戦問題**

問題 1

?に入る数字は何でしょう。

推理力UP

$$7 \to 7,\quad 8 \to 8 \to 9$$
$$3 \to 31,\quad 7 \to ? \to 4$$

正解率 **56.6%**

上下の数字で変化に差があるわね。何が違うのかしら。

正解は P.88

✎ 答え

問題 2

1234に入る言葉は何でしょう。

分析力UP

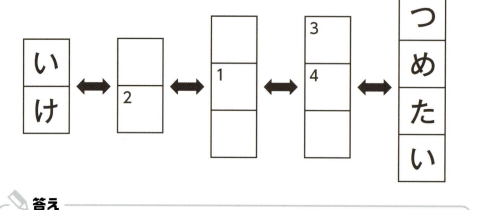

正解率 **55.0%**

「⇔」ということは反対の意味の言葉が入りそうだぞ。

正解は P.89

✎ 答え

中級編

問題 3

この問題の答えを導き出してください。

持久力UP

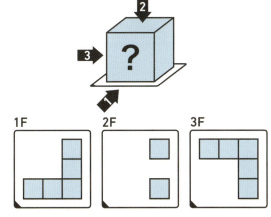

正解率 **51.8%**

ブロックを積み上げたらどんな形になるのかしら？

正解は P.89

答え

問題 4

123に入る言葉は何でしょう。

注意力UP

四角に都道府県を
ひらがなで当てはめて
6つの単語を作れ

は　い　ぞ　ひ　が　ぎ

| 1 | | 2 | 3 | | |

正解率 **47.2%**

マスが6つだから6文字の言葉が入るね。

正解は P.89

答え

正解率20％以下の問題 超難問 ❷

超難問の2問目もイラストに関係する問題です。
ヒント不要で挑戦したい方は、四角さんと丸井さんのヒント会話を見ずに挑戦してみましょう。

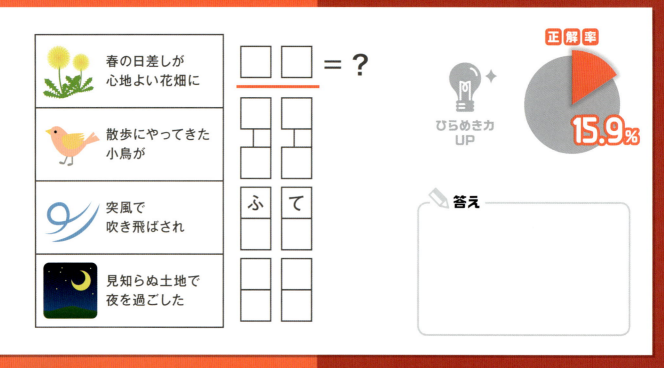

左のマスは1つの物語になっているようだね。右のマスは2行分あるから、左のマスを2パターンの言葉で表せということかな。

左のマスが4つということは、1つの物語が4分割されているのね。

物語が4分割……？ そうか！ 右にはあの四字熟語が入りそうだぞ！ 5文字目が「て」だしね。

なるほど、そういうことね！ 右のマスで物語部分を使ったから、もう片方はイラストに関係がありそうじゃない？

イラストは「花」「鳥」「風」、「夜」もしくは「月」かな。5文字目が「ふ」だから……あ、こちらも四字熟語だね！

正解はP.93

ヒントなしで解けたら
すごい！ Let'sトライ！

上級編

初級編・中級編とは比べものにならないくらい、

歯ごたえのある問題ばかりです。

ここまでで培った脳力を総動員して、挑戦してみましょう。

正解率 20〜40% の問題

力を合わせて謎を解こう！

いよいよ宝珠も最後の1つね！

\ガチャ/

基本問題

問題 1

1234に入る答えは何でしょう。

推理力UP

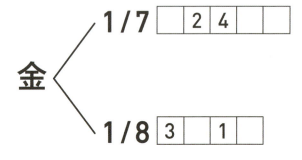

金 ― 1/7 □ 2 4 □
金 ― 1/8 3 □ 1 □

答え＝ 1 2 3 4

答え

正解率 **37.5%**

「1/7」と「1/8」ではどう違うのだろう。

正解は P.89

問題 2

この問題の指示に従い、答えを導き出してください。

持久力UP

タテヨコにある数字と
同じだけのマスを黒く
塗りつぶし白く残った
場所を左から順に拾え

								2・2・1		

	4	3	4	4	4	4	1	3	1	2
1・8										
9										
6・1・1										
7・2										

答え

正解率 **37.5%**

まずはマスを塗りつぶせばいいみたいね！

正解は P.90

上級編

問題1のヒント

1 「1/7」と「1/8」は分数です。

$$\frac{1}{7} \quad \frac{1}{8}$$

分数ということは、母数分あるうちの1つというだね。

2 「金」が7つあるうちの1つということは……。

○○○○○○金○
  ＝
きん□□□

この特徴的な色は……！ なるほどだから「1/7」なんだね。

3 1/8の金は、下記の並びになります。

―――8―――
水金○火木土○海

この文字列は……！ 「金」のもう1つの意味がわかったぞ！

問題2のヒント

1 1番上の行は「1」マスと「8」マスを塗るので下図のようになります。

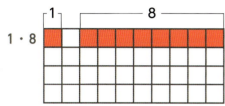

「・」は1マス空けるという意味のようね。

2 すべて塗ると下図のようになります。マスの数は4×10マスです。

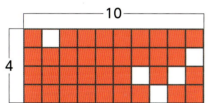

全部塗ったけど、「左から順に拾え」ってどういう意味かしら。

3 指示文も4×10文字です。マスに問題文を当てはめてみましょう。

```
―――10―――
タテヨコにある数字と
同じだけのマスを黒く
塗りつぶし白く残った
場所を左から順に拾え
```

わかったわ！ 問題文を当てはめて、白い部分を読むのね！

63

基本問題

問題 3

上から順に読むとできる単語は何でしょう。

推理力UP

正解率 37.5%

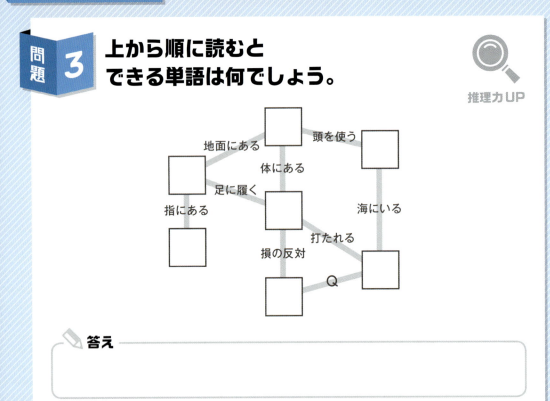

白いマスには何が入るかな。

答え

正解は P.90

問題 4

3マスごとのブロックに分け、答えを導き出してください。

ひらめき力UP　持久力UP

正解率 34.8%

3マスごとのブロック……どんな形が入るのかしら。

答え

正解は P.90

上級編

問題3のヒント

1 条件に合う単語を考え、ひらがなをマスに入れましょう。

足に履く

> 他のマスも同じ要領で埋めていけばいいんだね。

2 「Q」は「クエスチョン」のことです。

Q＝クエスチョン

> 「クエスチョン」を示す2文字のひらがなは……。

3 マスのなかを上から順に読んでみましょう。

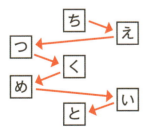

> マスの高さが微妙に違うぞ！ あとは上から読むだけだね！

問題4のヒント

1 3マスのブロックで考えられる形は次の2つです。

 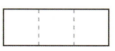

> 回転することがあっても、入るのはこの形ということね。

2 図形の隅から3マスに区切っていきましょう。

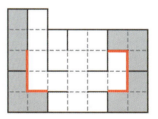

> 順に区切っていけばいいのね！ 任せて！

3 答えはカタカナ3文字です。図形をよく見てみましょう。

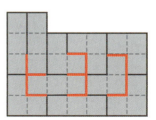

> 区切るときに引いた線を読むと、答えは……。

基本問題

問題 5
?に入る言葉は何でしょう。

分析力UP

2 13 13 1—11 ? F 1—1

答え

正解率 34.4%

数字やアルファベットが混ざった文字列のようだね。

正解は P.90

問題 6
下の問題の解答は？

注意力UP

　　　　　　　　　　　　め
　　ひ　　　　　ん　　は　　る
　え　　わ　　さ　　ら
　　　お　　　か　ね
　で　　　　　　　　　う
　ま　　　と
　　　　た　　ま
　　　　　　に　ぽ
　　　　　　　わ　　る
　ひ

同じ平仮名に直線を引き、消えない平仮名を左から読め

答え

正解率 31.3%

同じものを見つける問題ね！

正解は P.90

上級編

問題5のヒント

  ?には数字が入ります。

不思議な書体の文字列だなぁ。

  数字と記号をつなげるとアルファベットになります。

$13 = B$
$1-1 = H$

「13」は「13」じゃなくて「B」だったんだね。

3 文字列は鉛筆の硬さを表しています。

2B/B/HI?/F/H

鉛筆の硬さは「2B、B、HB、F、H」だから、「?」に入るのは……。

問題6のヒント

  同じひらがなを直線でつないだとき、通過したひらがなも消えます。

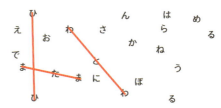

解けない場合は、見落としがないか問題をよく見てみましょう。

  上下の文章のなかにもひらがながあります。

下の問題の解答は？
同じ平仮名に直線を引き、
消えない平仮名を
左から読め
答え

ここにもひらがなが隠れていたのね！

3 残ったひらがなを左から読むと……。

同じものをつないだら、ひらがなが4文字残ったわ！

67

基本問題

問題 7

①②③④⑤に入る文字を解読し、答えを導き出してください。

推理力UP

正解率 **31.3%**

一見するとトランプが並んでいるようだけど……？

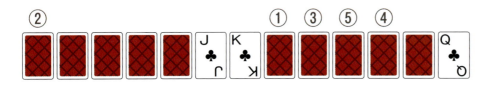

答え

問題 8

?に入る3文字の言葉は何でしょう。

分析力UP

正解率 **27.7%**

$$\frac{8,1,9}{12} = 期限$$

$$\frac{12,3}{12} = 地下$$

のとき $\dfrac{10,5,2}{12} = ???$

分数だわ！ 今回の分母と分子はどんな意味かしら。

答え

正解は P.90 / 正解は P.91

上級編

問題7のヒント

1 カードのマークは関係ありません。消して考えましょう。

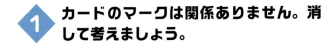

「J」「K」「Q」だけ考えればいいんだね!

2 数字のカードはなく、アルファベットのカードだけが並んでいます。

ということは、答えは5文字の英単語になりそうだね。

3 カードは文字列の一部です。すべて並べると26枚になります。

26文字の文字列、アルファベットか! 答えがわかったぞ!

問題8のヒント

1 分子の数字は、漢字の読みがなに対応しています。

$$8 = き$$
$$1 = げ$$
$$9 = ん$$

つまり「12, 3」は「ち・か」にそれぞれ対応しているのね。

2 分母の「12」はとある文字列の総数、分子はその何番目かを表しています。

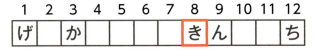

$$= \frac{8}{12}番目$$

12文字の文字列……。う〜ん、何かしら。

3 文字列は曜日を順にひらがなで表したものです。

1	2	3	4	5	6	7	8	9	10	11	12
げ	つ	か	す	い	も	く	き	ん	ど	に	ち

12文字の文字列がわかったわ! あとは解くだけね!

基本問題

問題 9

赤枠に入る言葉は何でしょう。

持久力UP

いふは □ とどっし □ こどいは □ ないきぎ

正解率 25.0%

赤枠が3つあるぞ。問題の糸口はどこかな。

答え

正解は P.91

問題 10

選択肢のなかから答えを選んでください。

ひらめき力 UP

A D B C ⟷ A E B C

A D ぁ B C ⟷ A E ぃ B C

BCDC = ?

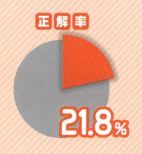

正解率 21.8%

ほぼ全部アルファベットね！ 何が当てはまるかしら？

答え ① ② ③ ④

正解は P.91

上級編

問題9のヒント

1 問題を横に読むと、4つの言葉が現れます。

① い ふ [　] と [　] こ [　] な
② 　 　 　 ど 　 い 　 い
③ 　 　 　 っ 　 は 　 き
④ 　 は 　 し 　 　 　 ぎ

赤枠に何を入れれば意味が通じるかな。

2 3つの赤枠に入る言葉はすべて同じです。

[???? ?] = [???? ?] = [???? ?]

つまり同じ文字が3つ入る言葉を探せばいいんだね！

3 上から3文字目には「て」が入ります。

い ふ [??て?] と [??て?] こ [??て?] な
　 　 　 ど 　 い 　 い
　 　 　 っ 　 は 　 き
　 は 　 し 　 　 　 ぎ

熟語や慣用句が当てはまるみたいだぞ。あと3つは何だろう。

問題10のヒント

1 上の行の真ん中にひらがなを1文字ずつ入れると下の対義語になります。

ADBC ⇔ AEBC（反対）

ADあBC ⇔ AEいBC（反対）

上下はほとんど同じ言葉で、対義語になるのね。

2 Aには「お」が入ります。

おDBC ⇔ おEBC

おDあBC ⇔ おEいBC

なんとなく見覚えがある言葉かも……。

3 Bには「さ」、Dには「ば」、Eには「じ」が入ります。

おばさC ⇔ おじさC

おばあさC ⇔ おじいさC

わかったわ！　あとは「BCDC」を導くだけね！

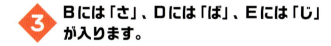

基本問題

問題 11

？に入る言葉は何でしょう。

18 = A B C D
28 = E A F
58 = B A F
68 = G B F

CBG = ？

答え

正解率 20.6%

情報が少ないけど問題をよく見れば解けるはず！

正解は P.91

問題 12

？に入る言葉は何でしょう。

盾 → 国
北 → 肉
歌 → 枠
上 → ？

答え

正解率 20.5%

漢字だわ！ いつものあれが使えるわね！

正解は P.91

上級編

問題11の ヒント

1 左のデジタル表示をひらがなで表すと、右のマスと同じ文字数になります。

う〜ん、数字の「じゅうはち」じゃ文字数が合わないぞ。

2 デジタル表示は数字と漢字の組み合わせを示しています。

なるほど、デジタル表示は日付を表していたんだね！

3 デジタル表示の読み仮名を右のマスに当てはめましょう。

1日＝|つ|い|た|ち|
2日＝|E|A|F|

すべてのマスをひらがなで埋めて、「CBG」を導き出そう！

問題12の ヒント

1 漢字をカタカナで表してみましょう。

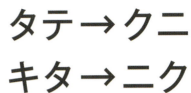

「タテ」と「クニ」にはどんな関係があるかしら？

2 右の文字は左の文字から線が1本減ったものになっています。

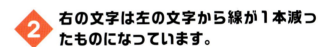

つまり「ウ」なら「ワ」になりそうね。

3 「ウエ」から1本ずつ線を消してみましょう。

ウエ→？

赤い線の部分を消して……。答えがわかったわ！

73

ヒントなしの挑戦問題

問題 1

「?」を解読して答えを導き出してください。

注意力UP

$$31 - 45 = ?$$

答え：

正解率 33.9%

答えはカタカナね。それにしてもクセの強い字だわ。

正解は P.91

問題 2

?に入る言葉は何でしょう。

ひらめき力UP

8と2

4　10 ＝ 昭和

6゛16 ＝ ？

答え：

正解率 33.1%

数字と熟語が「＝」だって？ どういう法則なのかな。

正解は P.92

上級編

問題 3

123に入る言葉は何でしょう。

分析力UP　ひらめき力UP

正解率 **32.7%**

「色がついているマス……きっとアレのことね！」

答え

正解は P.92

問題 4

この問題の答えを導き出してください。

持久力UP

ひらがなにしてこの文章塗れ

正解率 **31.3%**

「マスを塗りつぶせばいいのか。やってみよう！」

答え

正解は P.92

正解率20％以下の問題 超難問❸

超難問もいよいよ最後。本書最高難易度の問題には四角さんと丸井さんも苦戦しているようです。
ここまで来たあなたなら、2人のヒント会話がなくても解けるはず。

鳥居　→6→　海

のとき、

みとり　→9→　？

正解率 **15.0%**

推理力UP

答え

「鳥居」や「海」は何かの文字列に当てはまらないかな。

1行目が「とりい」「うみ」、2行目が「みとり」で「とり」が重なっているわ。「とり」「い」「う」「み」に分かれそうじゃない？

つまり「とり」を6つ移動すると「う」、「い」を6つ移動すると「み」になる文字列か。

「とり」をそのまま「鳥」の意味で考えるとして、あの12個の文字列はどうかしら？

あれかい？「酉」と「亥」をそれぞれ6つ移動すると「卯」「巳」……解けたぞ！

正解は P.93

鍛えた脳力を駆使して解く、
脱出のための最終関門！

最終問題

ここまで問題を解いてきたあなたなら

きっと最終問題も解けるはず！

四角さんと丸井さんとともに最終問題にのぞみ、

脱出の鍵を手に入れてください。

3つの宝珠がそろったぞ！ いよいよ大謎だね。

謎を解き明かして
3つの宝珠を手に入れ、
本を脱出せよ

さぁ、宝珠を穴に当てはめて扉を開きましょう！

最終問題

これまでの脳力の腕試し！

最後の答えを導くために
7つの問題を解いてください。

1
この問題の答えを導き出してください。

 ＋ス

 ＋ユ

2
1と2の文字を続けてできる生き物は何でしょう。

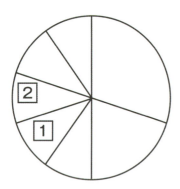

3
12に入る言葉は何でしょう。

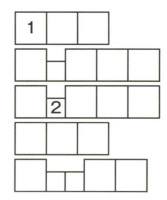

4
「この謎の答え」を導き出してください。

	?	?	?
?	バスケット	企業のマークなど	使わなくなったことば
?	家庭の日常業務	この謎の答え	指図、支えること、先生につくこと
?	ヒポポタマス	うさぎうま	競技場などにある植物

5
?に入る2文字の言葉は何でしょう。

→   ?   ←

12に入る言葉は何でしょう。

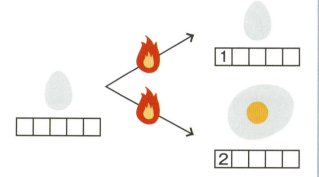

?に入る言葉は何でしょう。

時間切れ ☞ ?

解答欄
それぞれの問題の答えを解答欄に記入しましょう。

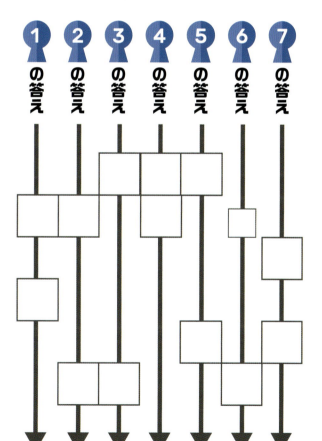

これまでやってきた謎に、同じ考え方で解く謎があったね。

ここまで解いてきたあなたならきっと解けるわ!

解答欄に答えを記入するとさらなる指示が出てきます。
指示に従い、5文字のメッセージを手に入れてください。

ヒントはカバーの下へ →

解答編

初級編・中級編・上級編・超難問の各謎の答えを掲載しています。

解答には謎の解説も記載されているので、

わからなかった問題もスッキリ解決できます。

※解答の文字の種別（漢字、ひらがな、カタカナなど）は、
特に指定がない限り、いずれも正解とみなします。

問題は解けたかな？

解説を読んで、もやもやを解決しましょう！

初級編

はじめての謎解きはどうだったでしょうか？さっそく答えを確認してみましょう！

基本問題 1　答え：**ゆきだるま**

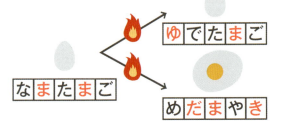

3つの卵の状態を、図解から読み解き、それぞれのマスにひらがなを当てはめます。答えのマークを拾うと「ゆきだるま」になります。

基本問題 2　答え：峠（とうげ）

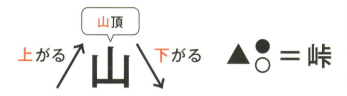

「▲＝山」、「●＝上」、「○＝下」を当てはめると、この図が成立します。答えの記号に漢字を当てはめると、答えは「峠（とうげ）」になります。

基本問題 3　答え：②

くじを引く

時計は「2時（にじ）」と「10時（じゅうじ）」で、「：＝を」とすると「虹を架ける」「十字を切る」という言葉ができます。「引く」に合うのは②の「9時（くじ）」。

基本問題 4　答え：好

= 重 ＋ 力
= 木 ＋ 目
= 女 ＋ 子

右側の漢字を左右に分解すると、左側のイラストを示す熟語になります。3つ目のイラストが示す「女子」を合体すると「好」という漢字になります。

基本問題 5　答え：あい

風向きいみじくも最高
常に変わらぬあの笑顔
口に出すのやぼかしら

上の文書中から指定の言葉を探し、その間にある文字を読む問題です。「ぼ」と「く」の間には「あ」、「き」と「み」の間には「い」があります。

基本問題 6　答え：あいすくりーむ

```
H＝たむくあ
I＝えがりい
P＝だこーす
```

アルファベットに対応するひらがなの文字列を四角の枠に書き出し、文字を右上から縦に読んでいくと、「あいすくりーむがこたえだ」という文章になります。

基本問題 7　答え：ハチノス

ハート＋ト＝ハ
チーズ＋ズ＝チ
ノート＋ト＝ノ
スープ＋プ＝ス

左のイラストをカタカナに変換します。音引き「ー」をマイナスと考えて文字を足し引きすると、式の答えが上から「ハ」「チ」「ノ」「ス」になります。

基本問題 8　答え：きつね

イラストの意味を読み取ると、「にがつ」＝「に」→「つ」、「はがき」＝「は」→「き」、「めがね」＝「め」→「ね」になります。「はにめ」を変換すると「きつね」になります。

基本問題 9　答え：ステージ

エック**ス**ワイ
エス**テ**ィー
キュ**ー**アール
エフ**ジ**ーエイチ

4行ともアルファベットをカタカナで書き出した文字列の一部です。マスに文字を埋め、矢印に従って縦に読むと答えは「ステージ」になります。

基本問題 10　答え：CAKE（ケーキ）

1234が表す言葉を指定のマスに当てはめ、太枠を縦に読むと「シー」「エー」「ケー」「イー」となります。アルファベットに置き換えると答えは「CAKE」です。

基本問題 11　答え：ハムカツ

兵　台　劣　巣

右側の読みを成立させる漢字になるよう、左側の漢字に足りない部分を補いましょう。補った部分はカタカナになり、順に読むと答えは「ハムカツ」になります。

基本問題 12　答え：はる

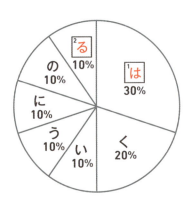

円グラフは、「くうはくにはいるのは」という文章を構成する、文字の割合を表しています。1には3つある「は」が、2には1つしかないもののうち、まだ登場していない「る」が入ります。

基本問題 13　答え：ユキ

ユ　キ

数字は画数を表しています。「コ」の2画目を横に伸ばすと「ユ」、「エ」の2画目を縦に伸ばすと「キ」となります。

解答編

基本問題 14　答え：じょうみゃく

車 用 闇 由
（じ　ょう　みゃ　く）

「軸（じく）」の間に「用（よう）」と逆さになった「闇（やみ→みや）」があります。左から順に「？」の大小と対応させて読むと答えは「じょうみゃく」になります。

基本問題 15　答え：つくえ

こ	た	え
は	つ	く
え	で	す

イラストをひらがなで表し、矢印が通るマスに当てはめます。すべてのマスが埋まった状態が上図です。左上から横に読むと、答えは「つくえ」とわかります。

基本問題 16　答え：トラウマ

寅午
＝
トラウマ

マスには干支が入ります。矢印が通るマスを読むと問題中の言葉になるように干支を入れましょう。「？」を示す矢印は「寅」「午」を通るので、答えは「トラウマ」。

基本問題 17　答え：サカナ

サカサマ　カタカナ　カタナ
これは、①②①③で②④②⑤の②④⑤
①②⑤＝サカナ

逆さまの「カタナ」の図をヒントに、数字に入る言葉を推理して埋めていく問題です。①②⑤を拾うと答えは「サカナ」です。

基本問題 18　答え：ものほし

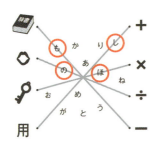

左のものを「どうするか」という動詞が計算記号で表されています。意味が通るように線をつなぐと、線が「も」「の」「ほ」「し」の文字の上を通ります。

基本問題 19　答え：ぬすみぎき

こ↑ん＝こうえん
あ↓＝あした
ぬす→き＝ぬすみぎき

「↑」を「うえ」、「↓」を「した」と読むと、右の文章が指定する単語になります。同じように「→」を「みぎ」と読めば答えは「ぬすみぎき」です。

基本問題 20　答え：**つるぎ**

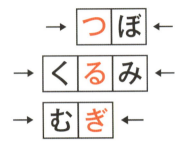

それぞれ左右から読んだときの言葉がヒント通りになるようにマスを埋めていきます。「？」を上から読むと答えは「つるぎ」になります。

基本問題 21　答え：**news**

n s w e
a ↑ ↓ ← → r
　　　s
　　　i ↓
n e w s
↑ → ← ↓

右上の記号をヒントに、矢印のマークを、方角のアルファベット（n・e・w・s）に変換すると、「answer is news」という英文ができます。

基本問題 22　答え：②**クッキー**

よじのおやつ
＝
クッキー
└─ 4文字 ─┘

「○○じ」は時刻のことではなく、文字数を表しています。選択肢のうち「4字（よじ）」のおやつは「②クッキー」だけです。

基本問題 23　答え：**プリン**

~~ス~~プリン~~グ~~
＝
プリン

左の文字を英単語に変換し、カタカナで表します。その両端の文字を消すと右の単語の読みになります。「春」は「スプリング」なので、両端を消すと答えは「プリン」。

基本問題 24　答え：**からす**

カンガルー　　カー（からす）

左のイラストをカタカナに変換し、最初と最後の文字を拾うと右の動物の鳴き声になります。答えは、「カー」という鳴き声の「からす」です。

基本問題 25　答え：**クツシタ**

まずはイラストをカタカナで表し、隣り合うイラストには同じ2文字が使われていることを踏まえて、空欄に文字を当てはめましょう。答えは「ク」「ツ」「シ」「タ」です。

解答編

基本問題 26　答え：コウカイ

コ 穴 カ 仏
＝
コウカイ

それぞれの漢字の、指定の数字の画数だけを見ると、カタカナになります。例えば「口」は2・3画目だけを見ると「コ」になります。答えは「コウカイ」。

基本問題 27　答え：きぼう

タイルが入った箱を右回りに回転させたときに、タイルがどのように動くかを想像する問題です。最後まで回転させて矢印のタイルを読むと、答えは「きぼう」になります。

基本問題 28　答え：せいかい

	ゆう	せい	しん
そう		↓	
かい	→	せいかい	
こう			

表の枠には、縦と横の項目を組み合わせてできる単語を示す文章が書かれています。「この謎の答え」である中央の枠は「せいかい」となります。

基本問題 29　答え：ねぎま

しま → ね
みや → ぎ
ぐん → ま

左側を2文字ずつに分け、右側の1文字をそれぞれ足すと県名になります。この法則に合うように2行目を考えると「？？？」に入る言葉は「ねぎま」になります。

基本問題 30　答え：ぶんか

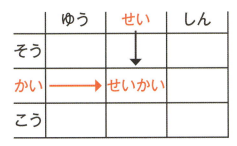

余り＝ 文化

ひらがなの言葉を漢字に変換すると、同じ漢字でのしりとりとしてつなぐことができます。しりとりのなかに入らず、余る言葉は「ぶんか（文化）」です。

基本問題 31　答え：ななくさがゆ

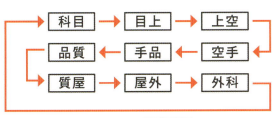

それぞれ正しくは「七転八倒」、「十中八九」、「三寒四温」です。「七」「九」「三」が「ゆ」になっていることをひらがなで示すと「ななくさがゆ」になります。

基本問題 32　答え：きつね

かい　はね　つき　きつね　は　いか

→   ←

すべてのイラストをひらがなにします。左右のどちらから読んでも同じ文字列になるように「？」に入る言葉を考えると、答えは「きつね」になります。

挑戦問題 1　答え：さくらんぼ

あ り と か つ
さ く ら ん ぼ

漢字の上半分が消えていて、下半分しかありません。漢字の読みがなはすべて2文字なので、左から順に2文字目を読むと「さくらんぼ」になります。

挑戦問題 2　答え：ゆうよ

5行のマスにはそれぞれ人間の五感が当てはまります。上から「視覚」「嗅覚」「聴覚」「味覚」「触覚」。数字の順にマスの文字を読むと答えは「ゆうよ」になります。

挑戦問題 3　答え：オトナ

指示文を行ったときの体の形をカタカナとして読みます。3つの指示に従った場合、鏡に映る体の形はそれぞれ「オ」「ト」「ナ」と読めます。

挑戦問題 4　答え：ニモツ

田田 = ☆
田田田 =
田田田田 = ニモツ

漢字の「田」の形から、足りない部分だけを拾うとカタカナの言葉ができるという問題です。上から「ホシ」、「ヒヨコ」、一番下は「ニモツ」です。

初級編クリア！

1つ目の宝珠を手に入れました。

やったぞ！　宝珠ってこれのことだね！

中級編

だんだん難しい問題が増えてきましたね！
中級編で簡単に解けた問題は、得意なジャンルかも。

基本問題 1　答え：ういんく

左側のマスに漢字の「人」を入れると、「エ」を使った3つの熟語が成立します。それぞれの読みがなを右のマスに入れ、数字順に拾うと答えは「ういんく」。

基本問題 2　答え：くせ

| いち | じゅう | ひゃ | く | せ | ん | まん | おく | … |

イラストを言葉にして空欄に入れると、マスは数字の単位の文字列を示していることがわかります。残りのマスを埋めると、答えは「くせ」です。

基本問題 3　答え：LEVEL

LEVEL

「L」を回転させずに4つ加えると、「LEVEL」という5文字の英単語ができます。「L」を「＝」と組み合わせて「E」にするのがポイントです。

基本問題 4　答え：わだい

うさぎ ＋ 車
↓　　　　↓
羽　 ＋ 台
↓　　　　↓
わ　　　 だい

左のものの単位の読みをつなげると、右の熟語の読みになります。「うさぎ」は「羽」、「車」は「台」と数えるので、答えは「わだい（話題）」です。

基本問題 5　答え：QUEST

PQR
TUV
CDE
RST
TUV

「宣伝」「テレビ」などの名詞を、2文字のアルファベットの略字に置き換え、指示文に従ってアルファベット順の前後や間の文字を拾うと答えは「QUEST」です。

基本問題 6　答え：でんち

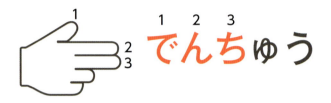

ひらがなに変換した左の言葉のうち、伸ばしている指の順番が示す部分だけを拾うと、右の言葉になります。123文字目を拾うと「でんち」。

基本問題 7　答え：はんこ

朝＝お**は**よう
昼＝**こ**にちは
夜＝**こん**ばんは

△ ◎ ✕ ＝はんこ

太陽と月のマークをヒントに、朝から夜にかけて変化するものを考えます。問題が吹き出しに入っていることと文字数から、挨拶が入ることがわかります。

基本問題 8　答え：クリスマス

同じマークに同じ文字が入るように埋めていきます。「3・4文字目が同じ文字の花」が「アマリリス」であることに気づけば早いでしょう。

基本問題 9　答え：あきす

さ	か	あ
し	き	い
す	く	う
せ	け	え
そ	こ	お

イラストをひらがなにして当てはめていくと、50音表の通りに並んでいることがわかります。矢印が通る部分を読むと答えは「あきす」です。

基本問題 10　答え：ういんく

東＝と/う　西＝ざ/い　南＝な/ん　北＝ぼ/く

東・西・南・北のそれぞれをひらがなにしたときの1文字目が1マス目に入っています。2文字目を2マス目に入れて横に読むと答えは「ういんく」となります。

挑戦問題 1　答え：21

8月7日　+14日間　8月21日
8　→　8
7　→　21

上下の数字は月日を表しており、「→」はカレンダー上の7日間を表しています。「→」の本数分日付が移動したと考えると、「？」に入るのは「21」です。

解答編

挑戦問題 2　答え：**すいあつ**

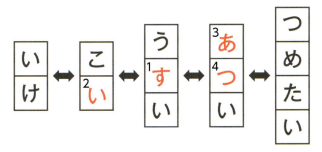

「⇔」が結ぶマス同士が対義語になるようにマスに言葉を入れます。1234のマスに入れた言葉を数字順に読むと、答えは「すいあつ」になります。

挑戦問題 3　答え：**ココロ**

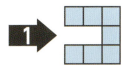

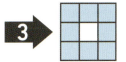

1Fから順にブロックを積み上げ、立体を作ります。矢印の1・2・3の方向から見ると図のように見え、答えは「ココロ」です。

挑戦問題 4　答え：**とうふ**

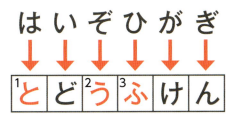

6文字の都道府県名を当てはめても6つの単語は生まれません。文字通り「とどうふけん」を当てはめ、123を拾います。

中級編クリア！

2つ目の宝珠を手に入れました。

中級編もクリアしたわ！
この調子で上級編にも挑戦ね！

上級編

初級編・中級編で覚えたノウハウをもってしても、難しい問題ばかり！

基本問題 1　答え：**せんきょ**

「金」が1/7になるのは曜日を意味するとき、1/8になるのは太陽系の惑星を意味するときです。それぞれの読みをマスに当てはめ、数字順に読みましょう。

89

基本問題 2　答え：**テクニック**

指示通りにマスを塗ると上図のようになります。マスと指示文の形が一致することから、指示文をマスに当てはめ、白い部分を左から拾えば答えになります。

基本問題 3　答え：**ちぇっくめいと**

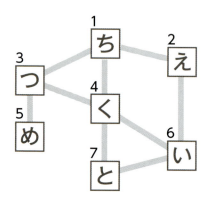

線上に書かれたヒントを元に、条件に合う単語を考え、マスのなかにひらがなを入れていきます。マスのなかを上から順に読むと答えは「ちぇっくめいと」になります。

基本問題 4　答え：**ヒヨコ**

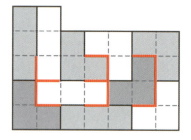

問題文の通り、図を3マスごとのブロックに分けます。その後、新たに引いた線だけを読むと、「ヒヨコ」になります。

基本問題 5　答え：**3**

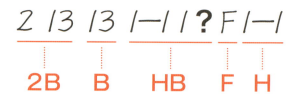

文字列は鉛筆の硬さの順番を示しています。鉛筆の硬さは「2B、B、HB、F、H」の順で硬くなり、「？」に「3」を入れると「HB」が完成します。

基本問題 6　答え：**おじさん**

下の問題の解答は？

指示文の通り、同じひらがなに直線を引いて消します。問題文や指示文に含まれるひらがなも合わせて消すと、上図のようになり、「おじさん」の4文字が残ります。

基本問題 7　答え：**LEMON**

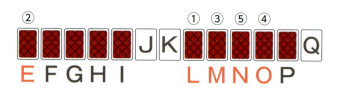

「J」「K」「Q」の位置と間のカードの数から、アルファベットの「E」から「Q」を並べたものということがわかります。数字順に文字を拾うと答えは「LEMON」。

解答編

基本問題 8　答え：どいつ

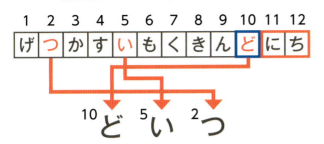

分母の「12」は、曜日をひらがなで表した文字列の総数です。そこから「10、5、2」番目の文字を拾うと答えになります。

基本問題 9　答え：もうてん

	もう こ い は	もう と う い は	もう ど う っ ん	な い き ぎ
い ふ				

横の行がそれぞれ意味を持つように、3つの赤枠に共通して入る言葉を探します。横の行にはそれぞれ熟語か慣用句が入ります。

基本問題 10　答え：③

ADBC ←→ AEBC
おばさん　　おじさん

ADぁBC ←→ AEぃBC
おばあさん　　おじいさん

答え：BCDC
さんばん

ABCDE に文字を入れて、2つの対義語を完成させるとこのようになります。BCDC に文字を当てはめると、「さんばん」となり、答えは③です。

基本問題 11　答え：たいむ

1日 = ついたち
2日 = ふつか
5日 = いつか
6日 = むいか

左のデジタル表示は数字ではなく日付を表しています。日付の読みがなを右のマスに当てはめ、「CGB」に入る文字を拾うと答えは「たいむ」になります。

基本問題 12　答え：ワニ

「夕」→「ク」、「テ」→「二」のように左のカタカナから1本ずつ取り除くと右のカタカナになります。「ウ」→「ワ」、「エ」→「二」で答えは「ワニ」。

挑戦問題 1　答え：カレー

31 - 45 = -14
? = カレー

計算すると「-14」になりますが、逆さまに読むと、「4」が「カ」、「1」が「レ」に見え、「カレー」になります。数字の書き方を数式と合わせることがポイントです。

91

挑戦問題 2　答え：**ざせき**

6̇ 16 ＝ 差̇ 積 ＝ ざせき

「8と2」を使って「＋－×÷」の計算をした結果を「和差商積」に読みかえます。「8」と「2」の「差」に濁点がついて「ざ」、「16」は「積」なので「せき」。

挑戦問題 3　答え：**ちきん**

マスの色は曜日を示し、曜日の漢字の音読みが上の行に、訓読みが下の行に入ります。123を拾うと「ちきん」です。

挑戦問題 4　答え：**血**

指示文に従い、指示文をすべてひらがなにして塗っていくと、残った部分が漢字の「血」の形になります。

上級編クリア！

3つ目の宝珠を手に入れました。

3つそろった！

最終問題へGO！

ついに3つの宝珠を手に入れました。
宝珠を持って、最終問題への扉を開けましょう！

P.78 へ

解答編

超難問

四角さんと丸井さんの
ヒント会話を見ても、
解けなかった人もいたのでは？
時間を置いてリベンジしてみましょう。

正解率20％以下とあって難しかったね。

問題の糸口すらつかめない問題もあったわ。

解説を読んでスッキリしよう！

1 答え：**スカイ（SKY）**

ワン「ピー」ス	→P	
「オー」ロラ	→O	
カ「エル」	→L	＝ ポリス
「アイ」ス	→I	（POLICE）
タク「シー」	→C	
ク「イー」ン	→E	

「エス」カレーター	→S	
「ケー」キ	→K	＝ スカイ
「ワイ」ン	→Y	（SKY）

イラストの言葉に含まれるアルファベットを拾っていく問題です。「エス（S）カレーター」、「ケー（K）キ」、「ワイ（Y）ン」と考えると、答えは「スカイ（SKY）」。

2 答え：**かき**

花鳥風月 ＝ | か | き |
| --- | --- |
| ちょう | しょう |
| ふう | てん |
| げつ | けつ |

＝ 起承転結

左の4コマを2種類の四字熟語で表現する問題です。イラストのみを見ると「花鳥風月」、文章のみを見ると「起承転結」が導き出せるので、ひらがなにしてマスを埋めます。

3 答え：**とらうま**

巳酉（みとり） → 9つ → 寅午（とらうま）

「とりい」に含まれている干支（酉、亥）を6つずらすと、「うみ（卯、巳）」になります。同様に、「みとり（巳、酉）」を9つずらして「とらうま（寅、午）」。

93

SCRAPの謎解きガイド

もっと謎を解きたいあなたのために

📖 SCRAP出版の謎本

SCRAP出版では、『謎検』過去問題集をはじめ、さまざまな謎解き本を発行しています。全国書店やAmazonなどのインターネット書店にて購入が可能です。

※本書は『謎検　過去問題＆練習問題集』シリーズと『SCRAPヒラメキナゾトキBOOK』の問題を再録したものです。

謎検の問題集

謎検 過去問題＆
練習問題集 2017
定価1,600円＋税

謎検 過去問題＆
練習問題集 2018春
定価1,600円＋税

謎検 過去問題＆
練習問題集 2018秋
定価1,600円＋税

謎検 過去問題＆
練習問題集 2019春
定価1,600円＋税

問題例

F	→	戦
L	→	光
E	→	八
N	→	？

星　吉　九
　火
花　　冬　大
　空　一

36＝大吉 のとき、58＝？

　　　せい　　　お
せい　　　せい　うせ
？？　せい　　　のい
？　　　せい　せ
せい　　　　　　い

力持ち：きん名う
すき焼き：わり汐
学校：ちゃ？

答えは一文字

その他の本

謎解きパズル塗り絵
定価 1,500円＋税

SCRAP
ヒラメキナゾトキBOOK
定価 1,200円＋税

5分間リアル脱出ゲーム
定価 1,600円＋税

5分間リアル脱出ゲームR
定価 1,600円＋税

謎検について

謎解き能力検定（略称：謎検）は、株式会社SCRAPが主催する、
あなたの「謎解き力」を測るためのWeb検定です。
本書収録問題のほとんどは、この「謎検」で過去に出題したものです。
本書の問題を解いて謎解きに興味を持たれた方は、ぜひ下記Webサイトにアクセスしてみてください。

http://nazoken.com/

こちらで本試験の申込を行うことができます。
（申込受付期間のみ）

練習問題や無料お試し受検コーナーもご用意しています。

脳が喜ぶ新刺激がたくさん!
謎解きドリル70問

STAFF

監修	篠原菊紀
謎制作	荒浪祐太 (SCRAP)、石塚健朗 (SCRAP)、稲村祐汰、入月優、堺谷光、櫻井知得、白猫、千石一郎、武智大喜 (SCRAP)、たろー、津山俊太郎、西山温、原翔馬、山本渉 (SCRAP)、渡辺一弘 (わちこ)
デザイン	山岸蒔 (スタジオダンク)
図版制作	うえはらけいた、榊原杏奈 (SCRAP)、好見知子
校閲	佐藤ひかり
協力	永田史泰
広報・宣伝	横手大地 (SCRAP)、髙波ゆきほ (SCRAP)
営業	佐古田智仁 (SCRAP)
イラスト	内田コーイチロー
担当編集	大塚正美(SCRAP)
編集協力	安藤茉衣 (スタジオダンク)

2019年9月28日　初版第1刷発行

発行人	加藤隆生
編集人	大塚正美
発行所	SCRAP出版
	〒151-0051
	東京都渋谷区千駄ヶ谷5-20-4　株式会社SCRAP
	tel. 03-5341-4570　fax. 03-5341-4916
	e-mail. shuppan@scrapmagazine.com
	URL. http://scrapshuppan.com
印刷・製本所	株式会社廣済堂

落丁・乱丁本はお取り替えいたします。
本書記事の無断転載・複製は固くお断りいたします。
★「謎検」は株式会社SCRAPの登録商標です。

©2019 SCRAP All Rights Reserved.
Printed in Japan　ISBN978-4-909474-26-1